LAS AVENTURAS DE BILLY IMOLAR

Y LA REVOLUCION DE LOS S. MUTANS

Anne Sprabery

Ilustrado por Walter Policelli

Dedicado a
mi amado esposo, Tim,
y a mis dos hijos, Aubrey y Brandon,
quienes me han inspirado a seguir mis
sueños..

Un agradecimiento especial a mi difunta
madre y a mi hermano Scott, cuyo entusiasmo
me animó a no rendirme nunca..

STUDIO OF BOOKS
THE SPACE FOR YOUR MESSAGE

Studio of Books LLC
5900 Balcones Drive Suite 100
Austin, Texas 78731
www.studioofbooks.org
Hotline: (254) 800-1183

Información para realizar pedidos:Se ofrecen descuentos especiales por compras al por mayora empresas, asociaciones y otras entidades. Para obtener más información, ponte en contacto con la Editorial en la dirección indicada anteriormente..

Impreso en los Estados Unidos de América..
ISBN-13:   Pasta   Blanda   978-1-968491-29-1
                tapa dura   978-1-968491-30-7
                eBook   978-1-968491-31-4

Número de control de la Biblioteca del Congreso: 2025915960

"Las aventuras de Billy Molar: La revolución S. Mutans"

POR ANNE SPRABERY

revisado porNicole Yurcaba

★ ★ ★ ★ ★

"Billy se cepilló los dientes con entusiasmo, esperando el timbre que indicaba que habían pasado los dos minutos. Sabía que su papá estaría esperando junto a su cama para contarle un cuento. Los cuentos de su papá eran los mejores."

En este divertido libro, los jóvenes lectores conocen a Billy, cuyo papá siempre le cuenta los mejores cuentos antes de dormir. Cuando Billy se queda dormido, él y los lectores entran en un mundo del Viejo Oeste donde conocen al Doc Molar y a Cerdas. Incluso conocen al alcalde Hilo D. Ental, que les ruega a Doc Molar y a Cerdas que le ayuden a acceder a las minas de xilitol porque hay bichos malos acampando cerca de ellas. En su aventura, los lectores ven cómo Doc Molar se enfrenta al Bandido Papa Frita, se abre camino hasta las minas de xilitol y cabalga "como si no hubiera un mañana" para ayudar al alcalde Hilo D. Ental y a su pueblo. También están allí para animar a Doc Molar y a Cerdas cuando ayudan al pueblo a derrotar a la banda de S. Mutans. Al final del libro, los lectores no solo han vivido una aventura de ensueño con Billy, el Doc Molar y Cerdas, sino que también han aprendido lecciones importantes sobre cómo cuidar sus dientes y tener una sonrisa brillante.

Este libro es una aventura a la que los lectores jóvenes volverán una y otra vez. Las ilustraciones y la trama de la historia cautivarán su imaginación. Personajes como Doc Molar y Cerdas son únicos e inspiradores porque ayudan a los lectores jóvenes a aprender a respetar y cuidar a los demás. Al mismo tiempo, estos personajes enseñan a los niños actitudes respetuosas en general, mientras los involucran en lecciones sobre higiene bucal. Los niños aprenden la importancia de cepillarse los dientes, usar flúor y desarrollar buenos hábitos que podrán llevar consigo durante toda su vida. Este libro sin duda hará sonreír a lectores de todas las edades.

Tu libro recibió la calificación RECOMENDADO.

LAS AVENTURAS DE BILLY IMOLAR

Y LA REVOLUCION DE LOS S. MUTANS

Anne Sprabery

Ilustrado por Walter Policelli

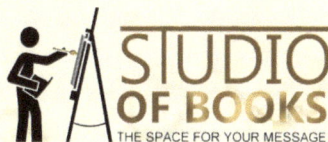

STUDIO OF BOOKS
THE SPACE FOR YOUR MESSAGE

"Billy, ¿Terminaste tu tarea?"

"Sí", dijo Billy. Su mamá estaba parada en la puerta del baño, asegurándose de que se estuviera preparando para ir a la cama.

"¡No olvides usar el temporizador cuando te cepilles los dientes!"

Billy se cepilló los dientes con entusiasmo, esperando el timbre que indicaba que habían pasado los dos minutos. Sabía que su papá estaría esperando junto a su cama para contarle un cuento. Los cuentos de su papá eran los mejores.

Billy saltó a la cama junto a Papá después de cepillarse sus dientes, preguntándose qué aventura redescubriría esa noche.

Billy le prestó toda su atención, escuchando con entusiasmo una historia del Viejo Oeste sobre un vaquero que descubrió una mina de oro.

El vaquero reunió todo el oro que él y su caballo podían llevar. Planeaban llevarlo todo al pueblo más cercano para compartirlo con la gente, pero en el camino se encontraron con unos bandidos. Para poder compartir el oro con el pueblo, tuvo que derrotar a los malos y, cuando lo consiguió, regresó al pueblo como un héroe.

"Está bien," dijo el papá de Billy después de terminar La historia. "Mañana tienes un gran día, es hora de dormir. ¡Que tus sueños sean tan salvajes y emocionantes como el Viejo Oeste!"

"Cerdas, Este salón parece un buen lugar para... Detenernos. Bebe un poco de agua. Estaremos listos para salir otra vez pronto», dijo Doc Molar mientras desmontaba su caballo.

Doc Molar fue al bar a pedir un vaso de leche. Los dientes sentados en la barra, dejaron de hablar y miraron al desconocido.

"No te he visto antes por aquí —dijo el robusto barman. Parecía un hombre importante—. ¿Cómo te llamas, hijo?"

Doc Molar se quitó el sombrero. "Bueno, señor, mi nombre es Doc Molar. Mi caballo Cerdas y yo nos hemos detenido en su hermoso pueblo para descansar antes de continuar nuestro viaje hacia el oeste."

La multitud en el salón se quedó en silencio. Todos los clientes dejaron lo que estaban haciendo para mirar al Doc Molar por un momento.

"¿Eres el famoso Doc Molar que derrotó a la banda S. Mutans en Paladar, Kansas?" preguntó el robusto diente.

"Bueno—" Doc Molar comenzó antes de ser interrumpido.

"Permítame presentarme:" dijo el diente robusto. "Me llamo Hilo D. Ental. Soy el alcalde de este pueblo y necesitamos tu ayuda."

"¿En qué puedo ayudarle, alcalde D. Ental?" Preguntó Doc.

"Tenemos motivos para creer que algunos miembros de la banda de S. Mutans se esconden en las montañas del pueblo, esperando para atacarlo."

Doc escuchó atentamente mientras el alcalde le explicaba toda la historia.

"El problema es que no podemos llegar a las minas de xilitol para armarnos con los cristales de xilitol necesarios para defendernos de los ataques. Esos bichos malos están acampados justo al lado de las minas a las que necesitamos acceder."

El doctor Molar se quedó sentado en silencio un momento, una vez que el alcalde D. Ental terminó su historia, pensando en el problema. Finalmente, dijo:, "Bueno, alcalde D. Ental, Cerdas y yo no tenemos prisa en nuestro viaje, así que estaremos encantados de ayudarles, amables amigos."

La multitud en el bar vitoreaba emocionada. Con acceso a los cristales de xilitol, los dientes de la ciudad podrían impedir que bacterias como la S. Mutans entraran en la ciudad, los atacaran y los enfermaran.

D oc Molar le estrechó la mano al alcalde y salió de la cantina.

"Bueno, Cerdas, parece que tendremos una aventura más antes de volver a casa." Cerdas relinchó cuando Doc Molar saltó sobre su silla de montar. "Vamos a salvar este pueblo encontrando la mina y devolviendo los cristales al alcalde D. Ental y al resto del pueblo. Tenemos que detener a la horrible banda de los S. Mutans."

Doc Molar y Cerdas partieron. Antes de que se dieran cuenta, estaban siendo observados.

Doc Molar se deslizó de la silla de montar, mirando la base de la montaña a la boca de una de las minas de xilitol.

"Cerdas, ¡Ésta podría ser la buena! Seguro que solo tenían al Bandido Papa Frita de guardia por ahora. ¡Echemos un vistazo antes de que se den cuenta de que ha desaparecido!"

LEVEL 0

"¡Los encontramos!" gritó Doc Molar a Cerdas desde el interior de la cueva. "¡Encontramos los cristales de xilitol!"

C relinchaba de emoción mientras Doc Molar agarró la alforja de la silla junto con su pico.

"Cerdas, corre como si no hubiera mañana!" exclamó Doc Molar . Corrieron hacia el pueblo con los cristales, y se dieron cuenta de que una espesa nube de polvo se agitaba en el horizonte.

Doc Molar cabalgó por la calle principal y se detuvo frente al salón. Saltó rápidamente de Cerdas y entró corriendo por las puertas de madera.

"¡Los encontramos! ¡Tenemos los cristales de xilitol!" Anunció Doc Molar. Los clientes del salón vitorearon, levantando sus vasos para celebrar. "Pero... ¡Los S. Mutans nos pisan los talones!"

La sala quedó en silencio.

"Alcalde D. Ental, ¿cuál es la forma más rápida de reunir a los dientes de este pueblo frente al salón para prepararnos para la batalla?"

El alcalde D. Ental se volvió hacia el barman y le hizo un gesto con la cabeza. El barman salió rápidamente del salón.

Mientras sonaba la campana de la iglesia, los dientes se reunieron alrededor del Doc Molar y el alcalde. Los dientes miraron al Doc Molar esperando instrucciones -nunca habían estado en una batalla de verdad.

"La única forma de derrotar a esta banda es trabajando juntos.
Necesito que cada uno de ustedes se disperse por las calles
y frente a las tiendas" ordenó Doc Molar.

"Coordinaremos desde nuestras posiciones para acercarnos
lo más posible cuando la banda trate de atacar."
Los dientes hicieron lo que se les dijo, esperando
ansiosos la señal del doctor Molar.

Cuando la banda de S. Mutans llegó al pueblo, Doc Molar, el alcalde D. Ental y los dientes lucharon por liberarse de la enfermedad en una épica demostración de fuerza.

Doc Molar apuntó su revólver al S. Mutan, disparando cristales de xilitol a voluntad y creando una barrera que rodeaba a las bacterias, impidiéndoles atacar a la gente.

Las bolsas llenas de flúor volaban por los aires al otro lado de la calle, acabando con las bacterias y creando una segunda barrera protectora.

La banda de S. Mutans, herida, se retiró poco después. La multitud vitoreó y los S. Mutans nunca regresaron.

"**¿D**oc Molar, cómo podemos agradecerte?" preguntó el alcalde.

Doc Molar montó a Cerdas y se volvió hacia el alcalde D. Ental. "Puede agradecérmelo no dejando que esas bacterias asquerosas vuelvan a entrar en su ciudad."

Con un rápido adiós con la mano, Doc Molar montó a Cerdas y se alejó hacia el atardecer..

A la mañana siguiente, Billy se despertó sobresaltado, emocionado por contarle a su mamá y a su papá lo que había soñado. Ya estaba impaciente por escuchar el cuento que su papá le contaría antes de acostarse.

COMO CEPILLARSE LOS DIENTES Y USAR HILO DENTAL

Pon las cerdas del cepillo de dientes en un ángulo de 45 grados hacia tus encías y frota suavemente con las cerdas en pequeños círculos alrededor la parte delantera y trasera de los dientes. Nunca cepilles los dientes de lado a lado, ¡es demasiado agresivo para ellos! Después de cepillarte, toma un trozo de hilo dental y envuélvelo alrededor de tus dedos para sujetarlo mientras abrazas los dientes formando una "C" con el hilo dental para envolver el diente.

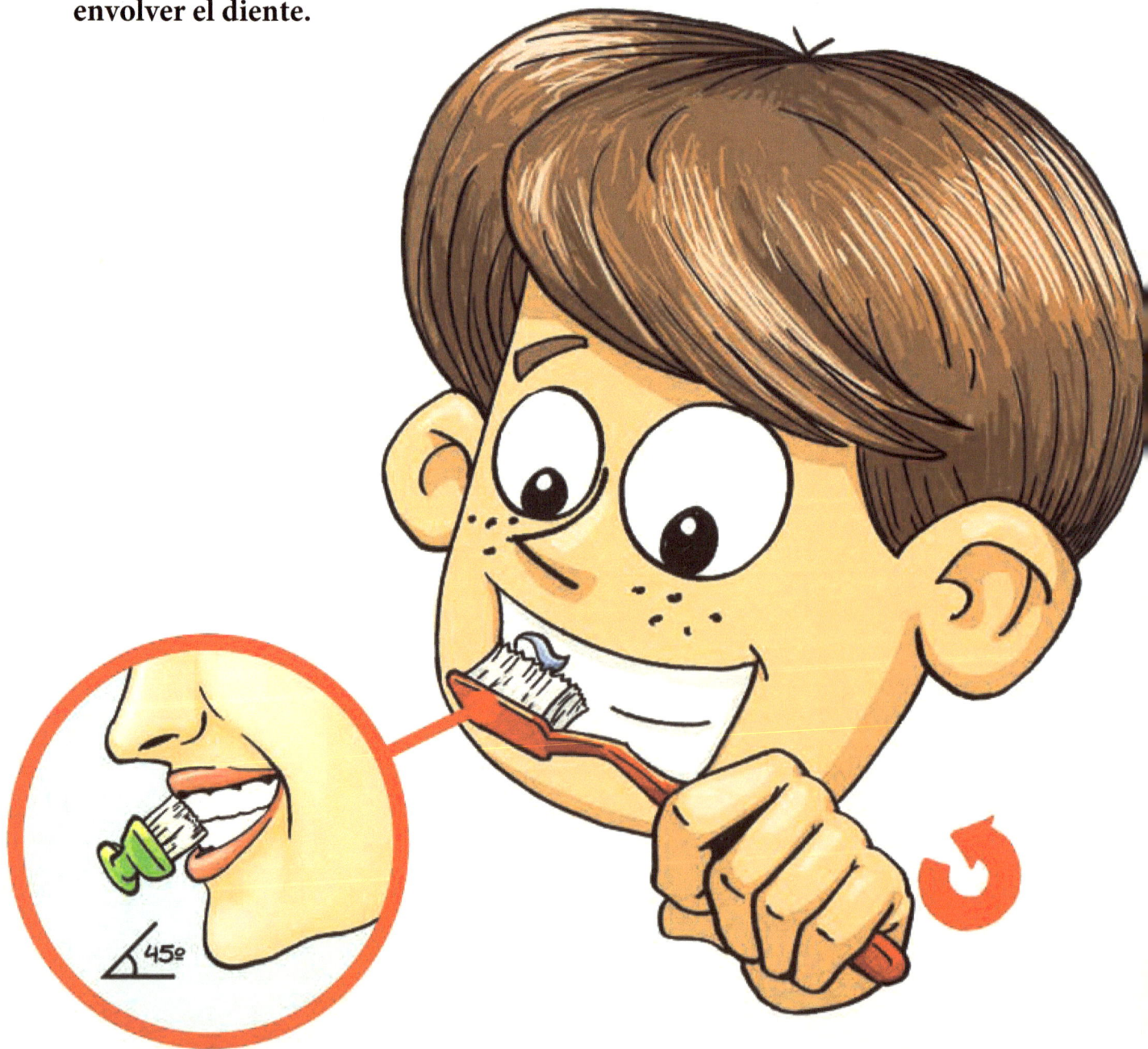

VOCABULARIO

Cepillo de dientes – Dispositivo utilizado para sujetar la pasta dentífrica y limpiar los dientes frotando suavemente todas las superficies dentales con movimientos circulares.

Fluoruro – Mineral que ayuda a interrumpir la producción de ácidos por parte de las bacterias y previene la aparición de caries.

Hilo Dental – Hilo utilizado para limpiar entre cada diente en las zonas que el cepillo de dientes no alcanza.

Leche – Contiene calcio, que protege los dientes contra las enfermedades de las encías y mantiene la salud de los huesos de la mandíbula. La leche contiene lactosa, que es un azúcar, por lo que es necesario cepillarse los dientes después de beberla para eliminar los restos de azúcar de los dientes.

Molar – Diente definitivo que aparece alrededor de los seis años en la parte posterior de la boca. Se utiliza para moler los alimentos.

Paladar – El techo de tu boca

Pasta dental – Un material líquido espeso que se utiliza para limpiar los dientes y ayudar a eliminar la placa y otros residuos.

S. Mutans – Bacterias que crecen a partir de la placa dental, se alimentan de azúcares y provocan la formación de caries.

Temporizador de dos minutos – Tiempo que necesitas dedicar al cepillado de todos los dientes para limpiarlos.

Xilitol – Alcohol de azúcar que evita que las bacterias se adhieran a los dientes.

ACERCA DE LA AUTORA

Anne Sprabery creció en Meridian, Misisipi, y se graduó de Creighton Dental School. A lo largo de su carrera como odontóloga, Anne se dio cuenta de la necesidad de educar al público, especialmente a los niños, sobre la salud bucodental de una forma divertida y memorable. Le interesaba mucho la salud bucodental infantil y desarrolló el deseo de llegar a las personas de una forma positiva y compartir su propio entusiasmo.

Anne vive actualmente en Tennessee, donde ejerció la odontología general en su propia consulta privada. Cuando no está trabajando, Anne disfruta viajando, disfrutando del aire libre con su marido y buscando nuevas aventuras que compartir con su familia.

Las aventuras de Billy Molar: La revolución de los S. Mutans es el primer libro infantil de Anne.

www.ingramcontent.com/pod-product-compliance
Lightning Source LLC
Chambersburg PA
CBHW061143030426
42335CB00002B/82